LETTRE

A

MONSIEUR BELLART,

PROCUREUR GÉNÉRAL,

SUR SON RÉQUISITOIRE

DU 10 JUIN 1822.

PAR M. CAUCHOIS-LEMAIRE.

PARIS,

CHEZ LES MARCHANDS DE NOUVEAUTÉS.

1822.

DE L'IMPRIMERIE DE CONSTANT-CHANTPIE,

Rue Sainte-Anne, n. 20.

RÉQUISITOIRE

Présenté par le procureur-général près la cour royale de Paris, le 10 juin 1822, à la même cour, toutes les chambres assemblées, à l'effet d'évoquer l'affaire relative aux troubles de la Rochelle.

MESSIEURS,

Vous vous le rappelez : c'est de cette enceinte même qu'est sorti ce premier avertissement solennel donné à la royauté, qu'une conspiration permanente ne cessait d'agir contre elle. Tout digne de foi qu'était le noble organe de cet avis sinistre, à peine pûmes-nous l'en croire. Et comment comprendre, en effet, que puisse avoir encore un seul ennemi, cette race que, dans sa miséricorde pour notre pays, le ciel avait faite si digne de notre amour ; cette race, l'antique gloire et le plus saint patrimoine de la France ; cette race bienfaisante, encore plus qu'elle n'est auguste et ne fut malheureuse ; cette race, la seule capable, peut-être, dans toute la durée des siècles, après les crimes et les outrages qui lui furent prodigués pendant 30 ans, de l'effort surhumain d'immoler sur l'autel de la Concorde, au bonheur de ses peuples, tout souvenir, si ce n'est le souvenir de l'affection paternelle qu'elle ne cessa de leur porter? Toutefois, messieurs, il faut bien se rendre à l'évidence; ces ennemis de la dynastie existent, et ces ennemis, nous devons le faire remarquer, du moins pour l'honneur de la morale humaine, ce n'est ni la haine, ni l'ingratitude, ni même, toute seule, une scélérate ambition qui les a produits : c'est la démence.

Cette débauche universelle de l'esprit, trait caractéristique de notre époque ; cette débauche à laquelle se laisse aller, non pas un seul royaume, mais toute la vieille Europe, fait tout le mal.

Les corps humains périssent d'excès d'embonpoint.

Les sociétés périssent de l'excès de civilisation.

Ce n'est point ici le lieu de développer cette thèse.

Je me contente de l'énoncer comme un fait.

Et ce fait, je l'énonce comme pouvant seul expliquer les inconcevables agitations dont chaque jour nous rend les témoins.

Ces agitations ne sont pas dirigées contre un seul trône ; elles ne le sont pas seulement contre tous les trônes : nées de l'amour des changemens imprimés dans tous les esprits par des génies malfaisans, non trop cachés, qui ne s'embarrassent guère de sacrifier, et des hécatombes d'hommes et une partie du monde tout entière, s'il le faut, aux rêves de leur parricide ambition personnelle, elles marchent contre tout ce qui est; elles marchent contre le vieux système social qui a bien prouvé pour sa sagesse, par sa solidité, en traversant des siècles. Elles veulent tout ce qui n'est pas. Elles veulent tout ce qui, dans le délire de l'orgueil humain, a été jugé être mieux et convenir davantage au bonheur de l'espèce par d'obscurs métaphysiciens qui, délaissant l'expérience aux petits esprits, fabriquent chaque jour dans leurs mauvais cerveaux des utopies nouvelles, et par des législateurs de collège qui s'essaient à régler l'univers, en attendant l'âge de raison où la loi leur permettra de régir leur fortune.

Une secte impie, vomie sur toutes les parties de l'Europe par l'inquiète et turbulente Italie, a franchi les barrières de notre France. Nous aussi, il faut bien le confesser, nous avons enfin nos carbonari; nos carbonari qui, comme ceux de l'Italie, appellent à eux les fous, les ambitieux, les scélérats, les hommes perdus de dettes et de crimes, les hommes de proie, les hommes privés de lumières et faciles à tromper, et pour comble d'absurdité, jusqu'aux écoliers. Cette détestable institution, dont le Code est l'assassinat, dont l'arme favorite est cette arme odieuse à la vieille générosité française et à toute générosité, le poignard, dont les fanatiques instrumens se lient au meurtre par le serment, et préludent, à ce qu'ils croient, à la liberté, par une imbécile soumission au plus féroce despotisme, produit depuis plusieurs mois tous les troubles que nous avons vu éclater à des époques voisines, sur des points différens. Des provocations séditieuses ont été faites surtout aux corps militaires et à la jeunesse française. Et si quelques cœurs dépravés et quelques jeunes illuminés ont eu la faiblesse d'y répondre, en tous lieux la loyauté du gros de l'armée les a repoussées avec indignation. Le Dieu de saint Louis et du Roi martyr a fait avorter les crimes médités contre leurs enfans et contre la France. Il a réveillé au fond du cœur des soldats ce viel honneur, cette vieille fidélité, dont toujours leur cœur fut le sanctuaire. D'ailleurs, le soldat français, l'Europe le sait, connaît le sabre et l'épée, le poignard fait horreur au soldat français. Le poignard n'est pas l'arme des héros; c'est l'arme des assassins. Les conspirateurs sur tous les points ont été livrés par ceux de leurs propres camarades, en petit nombre, qu'ils avaient séduits quelques momens, en ne leur révélant pas tout d'abord ce que renfermait d'atroce leur monstrueuse association, et en la leur déguisant sous les apparences d'une espèce d'innocente maçonnerie, dont le but exclusif était de se secourir et de s'assister mutuellement dans les détresses de la vie privée. C'est ainsi qu'à Toulon, Béfort, Nantes, Saumur, la Rochelle, et sur d'autres points encore, la fidélité le plus souvent, et quelquefois le remords, sont venus avertir la justice des desseins des conspirateurs.

Les conspirateurs ont dû être poursuivis. Ils l'ont été partout.

Partout on a retrouvé tout ce qui indique une impulsion unique, une impulsion devant, dès-là, partir d'une seule source. Parité d'organisation, instruction transmise de degré en degré, sans qu'il soit permis à nul adepte de chercher à connaître un seul nom en-dehors de sa petite bande; similitude du serment : *La discrétion* et *l'obéissance ou la mort;* même affreux caractère des engagemens, assassiner les parjures; même but atroce, égorger les officiers et les dissidens pour donner d'autres chefs aux corps dont on se servirait ensuite pour renverser le gouvernement, en arborant les trois couleurs; parité des armes, le poignard; les mêmes signes de reconnaissance; les mêmes mots de ralliement: enfin les mêmes noms invoqués; il n'est pas permis de douter que toutes ces infâmes manœuvres soient autre chose que les parties analogues d'un seul et même plan, arrêté par ce comité directeur invisible, par cet *occulte* comité de désorganisation, que révèle son action, alors même que, grâce à son infernale et lâche habileté, il a su jusqu'ici, à force de s'entourer de ténèbres, échapper, sinon à l'opinion, du moins à la justice, et se réserver la chance du succès, en laissant à ses ineptes partisans la chance des échafauds.

Quoiqu'il en soit, et pendant qu'en divers lieux l'autorité était avertie, des complots ourdis contre la tranquillité publique, la police de Paris eut de fortes raisons de croire qu'un mouvement qui devait avoir lieu par les ordres du comité directeur, à la Rochelle, dans les premiers jours de mars dernier, à l'aide d'une corruption pratiquée au sein du 45ᵉ régiment de ligne, et qui avait été déjouée par la surveillance des chefs, comme par la fidélité des sodats, avait été préparé à Paris où ce régiment avait séjourné toute l'année dernière.

Le juge d'instruction de Paris a été saisi de ces documens. L'instruction s'est faite avec un zèle et un scrupule auquel nous ne saurions donner assez d'éloges. D'importantes confessions ont été faites par les coupables eux-mêmes. Pendant qu'instruisaient ici les autorités de Paris, les autorités civiles et militaires instruisaient de leur côté et avec une sollicitude et un succès tout pareils. Les révélations et les confessions arrivaient de toutes parts tellement nombreuses, que quand elles seront connues il sera impossible aux plus incrédules de révoquer en doute, soit l'existence du complot, soit la culpabilité des coupables, bien que pourtant toutes les lumières ne soient pas encore acquises, et qu'il y ait à en espérer de nouvelles des parties d'instruction qui restent encore à faire et qui vont s'accomplir.

La conviction (sortie de ces instructions concurrentes) que tout avait été machiné à Paris, que les ordres et les directions venaient de Paris, a produit son effet légal et nécessaire, de faire que les autorités de la Rochelle ont renvoyé la procédure à Paris, où elle se suit exclusivement dans le moment présent.

Notre devoir, messieurs, était sans doute de prendre une connaissance approfondie d'une affaire aussi grave.

Ce devoir a été rempli, et c'est la gravité même de l'affaire qui nous a suggéré la pensée de vous en demander l'évocation, persuadés, non pas que la Cour elle-même mettra dans l'instruction plus de dévouement et plus de patriotisme que les magistrats de première instance, mais qu'il n'y a pas trop de toute son autorité pour rendre plus faciles les voies d'instruction ultérieures que le besoin de connaître toute la vérité rendra nécessaires.

Nous avons en conséquence l'honneur de requérir, pour le Roi, qu'il plaise à la Cour, toutes les chambres assemblées, considérant la haute gravité de l'instruction faite et suivie au tribunal civil de Paris, contre les nommés, etc.

Fait au parquet de la Cour royale, le 10 juin 1822.

Signé, BELLART.

LETTRE

A

MONSIEUR BELLART,

PROCUREUR GÉNÉRAL,

SUR SON RÉQUISITOIRE DU 10 JUIN.

Sainte-Pélagie, juin 1822.

MONSIEUR,

Sera-t-il permis à l'un de ceux qui se trouvent enveloppés dans l'anathême lancé par vous, contre la génération actuelle, d'élever la voix en faveur de ce pauvre siècle que votre réquisitoire traduit sur le banc des prévenus ? Le procès sans doute demanderait un autre avocat ; mais l'aggression excuse la témérité de la défense. Celle-ci, toutefois, s'imposera des bornes que celle-là juge à propos de franchir. Votre discours se divise en deux parties essentiellement distinctes : l'une, à laquelle je me garderai bien de toucher, parce qu'elle appartient à la justice dont le sanctuaire peut-être ne devait pas s'entrouvrir si tôt; l'autre, qui est du domaine de la presse et de la polémique, et qui n'est ainsi que l'opinion d'un écrivain, que tout écrivain a le droit de combattre: c'est, en un mot, un défi, porté par le contempteur de l'âge présent, à quiconque le préfère au temps passé. Si donc j'ose paraître dans l'arène où vous avez jeté le gant, ce n'est point, le ciel m'en préserve, avec le procureur du Roi que je prétends avoir affaire; c'est au publiciste seul, je le déclare, que je veux essayer de répondre; c'est devant l'accusateur européen qu'un enfant de la vieille Europe vient se laver de l'imputation de scélératesse et de démence.

Je ne sais pourquoi, Monsieur, le jeune siècle vous apparaît un poignard à la main, et par quelle fatalité cette image vous poursuit éveillé, comme celle de Joas poursuivait en songe l'implacable Athalie. Cette reine, pour être obsédée de fantômes sanglans, avait des raisons que vous n'avez pas; et votre caractère, ce me semble, devait vous interdire cette violence de langage à laquelle l'esprit de notre époque ne répugne pas moins; il devait vous interdire surtout l'ironie si amère et si peu séante dans une bouche qui sollicite des arrêts de condamnation. Mais à plus d'un égard les convenances ont paru blessées dans cette composition, que tous les journaux ont publiée par ordre de la police. L'étrangeté du style, des comparaisons bizarres, des expressions insolites, des jeux de phrases et des concetti, des métaphores ambitieuses ont trop rappelé un réquisitoire moins récent, mais non moins célèbre; et la délicatesse française a été une seconde fois affligée de voir l'emphase et la recherche remplacer la douloureuse et simple austérité d'une accusation capitale.

Plût à Dieu cependant que le bon goût seul eût à se plaindre, et que l'impartialité publique n'eût pas quelque droit de demander par quels motifs le procureur général n'a pas dénoncé aux chambres assemblées, et les massacres du Midi, et la note secrète, et l'attentat du trois juin, et ces inexplicables incendies qui, après avoir jeté l'effroi dans toute la France, ne sont l'objet que de jugemens obscurs! N'est-il pas fâcheux que, sous le rapport de l'éclat judiciaire, il y ait, pour ainsi dire, des forfaits privilégiés? N'est-il pas bien fâcheux encore que celui qui, comme législateur, interdît la parole au premier défenseur des victimes protestantes, et repoussa, pour éviter, disait-on, le scandale, les prières de leur vertueux et dernier avocat, se montre, comme magistrat, si prodigue de dénonciations qu'il cesse alors d'appeler scandaleuses?

Cette double conduite, ce double titre me font faire sur moi-même un retour peu rassurant. Où suis-je? et à qui parlé-je? Législateur, vous donniez votre suffrage aux lois les plus sévères, en vous plaignant de la douceur des tribunaux qui les appliquent; magistrat, vous observez les lois en homme qui ne veut point mériter le même reproche; et moi, l'une des nombreuses preuves du zèle qui ne cesse de vous animer, me voici tenant la plume pour écrire, non pas, comme dit Montaigne, à *l'envy de celui qui peut proscrire*, mais à l'envy de celui qui peut poursuivre. Aussi, malgré les étroites limites où je me renferme, et quoique la réplique soit bien légitime après l'attaque, je ne me vois point sans frayeur en présence d'un adversaire tel que vous. Que sont mes armes au prix des vôtres? Et que peut la logique se mesurant avec le pouvoir? Comment s'adresser à l'orateur sans rencontrer le fonctionnaire, et argumenter avec succès contre l'un, sans avoir tort aux yeux de l'autre? Quelles conventions, reconnues entre écrivains, me serviront d'égide contre le ministère public? Raison tant calomniée, inspiremoi ! Plaide aujourd'hui ta propre cause ; découvre des expressions assez heureuses pour démontrer avec innocence que nous ne sommes pas tous des criminels ; invente des formes assez favorables et assez prudentes pour prouver, avec sécurité, que nous ne sommes pas tous atteints de folie ; fais, dans ton adresse même, éclater toute ta force ; que, grâce à toi, la conviction pénètre jusque dans l'âme de ton antagoniste ; que, grâce à ton ascendant, son autorité, enchaînée elle-même, ne sache comment venir au secours de ses doctrines ; et, par ce double triomphe, apprends à tes ennemis quelles sont tes vengeances, et quelle sera enfin l'issue de la grande lutte dont le monde est agité !

Votre réquisitoire, Monsieur, n'a pas seulement l'importance que lui donnent vos hautes et terribles fonctions ; il est évidemment l'œuvre de l'homme politique plus encore que celle du magistrat, et à ce titre, aussi bien qu'à l'appareil inusité avec lequel on le publie, ou plutôt on le proclame, il est impossible de se méprendre et de n'y pas reconnaître le manifeste d'une opinion qui depuis long-temps jette, contre l'opinion rivale, le cri d'alarme, et enfin le cri de guerre. Mais alors était-il bien sage d'avouer qu'on se trouvait en petit nombre, et qu'on en voulait à l'Europe, au siècle, et presqu'au monde tout entier ? Quoi, Monsieur, nous avons universellement tort, et vous et quelques amis vous avez seuls raison ! La postérité ne croira pas sans peine à ce qui se passe sous nos yeux. Un mouvement général entraîne les esprits, non les erprits aveuglés par le fanatisme, abrutis par l'ignorance, mais au contraire instruits par des siècles d'expérience, par des siècles de lumière, ce mouvement les entraîne vers un état de choses plus conforme à leur situation nouvelle, à leurs besoins nouveaux, à la masse des intérêts, et où l'arbitraire envahisse moins souvent des lois plus équitables, des institutions plus nationales et plus fortes : quelques hommes, qui assurément ne dominent pas par leur supériorité intellectuelle, nient d'abord avec opiniâtreté l'existence de ce mouvement général, et forcés enfin de se rendre à l'évidence, ne confessent la vérité qui frappe leurs yeux que pour la maudire et la réprouver. Hier ces hommes n'étaient pas, ou se perdaient dans la foule dont, pour la plupart, ils partageaient les idées ; aujourd'hui la foule les aperçoit bégayant à peine les mots d'autorité, de puissance, et déjà réformant les habitudes, proscrivant les idées et châtiant les personnes. L'univers politique mal posé, mal régi par des mains inhabiles ou criminelles, veut s'asseoir sur des bases plus larges et plus stables : l'univers, s'écrient-ils, est en démence. Eh bien donc, sages de la terre, génies sublimes devant lesquels doit s'effacer toute lumière, doit se prosterner toute sagesse, que répondez-vous à cette voix du peuple qu'on appelait jadis la voix de Dieu ? Je vous entends : les baïonnettes sont prêtes, et les échafauds sont dressés. C'est par l'organe du ministère public, c'est par votre organe, Monsieur, que le pouvoir désormais fait savoir, en France, ses volontés à l'opinion qu'il repousse.

Quel autre parti prendre, direz-vous, contre les complots et la révolte ? Je suppose, sans examen, qu'il y ait révolte et complots, et je demande si l'on a tout fait pour les prévenir ; s'il en existait en 1818 et en 1819, et pourquoi il n'en existait pas ; je demande de quelle manière ont été accueillies les réclamations si légales et si nombreuse en faveur de la précédente loi d'élection ; je demande si beaucoup d'affections ne sont pas froissées, si beaucoup de droits ne sont pas méconnus ; si beaucoup d'intérêts ne sont pas menacés, si beaucoup de garanties ne sont pas détruites ? Vous me répondrez que du côté des vôtre tout est admirable, et que l'on ne saurait jouir de plus de bonheur et de liberté :

je ne disputerai point avec vous ; mais si la nation
est libre et heureuse, si l'on n'épargne rien pour
elle, je suis de votre avis, son ingratitude est
grande, et sa perversité est monstrueuse.

Souffrez cependant que j'insiste et que je ha-
sarde une proposition. Il est cruel, vous en conviendrez vous-même, d'avoir toujours à punir,
toujours à emprisonner, toujours à verser du
sang ; le bien même à ce prix est chèrement
acheté. Il reste encore une épreuve à tenter ; c'est
de faire tout le contraire de ce qu'on fait ; c'est
d'administrer dans un système tout différent.
Qu'on essaie d'une bonne organisation munici-
pale, d'une garde nationale nommant ses chefs,
d'un ministère réellement responsable, ainsi que
ses agens, d'un jury élu par le sort, de la presse
périodique vraiment affranchie, du vote électoral
sans privilège, d'un budget moins énorme ; qu'on
en essaie, Monsieur ; et si après cela il y a encore
des révoltes et des complots, c'en est fait, je me
joins à vous, j'abandonne un peuple livré au vertige, et je consens qu'un vaste réquisitoire en fasse
justice, mais je n'y consens que lorsque l'épreuve
proposée aura été trouvée inefficace. Jusque-là
chacun aura le droit de croire que le choc vient
de l'obstacle mal placé ; que la tempête naît de la
compression imprudente, et que les flots popu-

laires, comme ceux de l'Océan, n'ont point en eux-mêmes la cause de leur agitation.

Cela est vrai, surtout en France, où la révolution a créé tous les élémens d'ordre et de tranquillité ; et où l'on ne s'irrite que d'une chose ; c'est de ne pouvoir goûter en repos les bienfaits de cette révolution ; cela est vrai en Europe dont presque tous les états, mus par les mêmes besoins, veulent parvenir au point où la France est arrivée une fois, et où ils arriveront à leur tour pour s'y fixer et s'y développer en paix, si une fausse politique ne vient point les rendre à leurs premières oscillations. Qu'on tente à leur égard une épreuve analogue à celle que je proposais tout-à-l'heure ; et, pour préciser la chose par des exemples, qu'on réponde aux vœux constitutionnels des Napolitains et des Piémontais autrement qu'à coups de sabre, autrement qu'en mettant l'assassinat à l'ordre du jour, et les têtes à prix, autrement que par le canon étranger, la proscription et la terreur ; qu'on essaie, en un mot, d'un pacte national religieusement observé, et si les séditions, et si les conspirations recommencent, alors, encore une fois, plus de pitié pour cette vieille Europe gangrenée de civilisation ; mais jusque-là, je le repète, on aura le droit en Piémont et à Naples d'attribuer les séditions au malaise général, et les conspirations à la violence et à l'opiniâtreté du parti qui domine ; jusque-là on plaindra ceux qui sont réduits à se plaindre des conquêtes de l'intelligence par laquelle l'homme se rapproche de la Divinité.

Quel langage, en effet, vient tout à coup étonner l'oreille des nations! Jusqu'à présent, le plus beau titre des monarques avait été celui de protecteurs des arts et des lettres; jusqu'à présent, leurs plus glorieuses victoires avaient été celles qu'ils remportaient sur la barbarie; chaque pas fait, grâce à eux, dans la carrière intellectuelle, était célébré comme un bienfait : chaque trait de lumière qui jaillissait, à l'aide de leur génie, ajoutait à leur couronne un rayon d'immortalité ; aujourd'hui tout est changé. Ces bienfaiteurs du genre humain n'en furent que les corrupteurs; ces grands hommes, disent leurs successeurs, ont conduit à sa perte la société qu'ils pensaient diriger vers son but véritable; et tous ces prétendus germes de vie, de force, d'activité, de prospérité ne sont que des poisons lents qui ont miné, dévoré le corps social, et qui le menacent de dissolution si l'on ne se hâte de remédier à un aussi grand mal, et si le fer ne tranche dans le vif de la civilisation. Quel bonheur pour nous que la force soit si à propos échue aux plus habiles ; et que deviendrait le monde s'il était abandonné à sa propre nature et à ses propres lois !

En vérité, Monsieur, quelles que graves que soient les circonstances, il est impossible de ne pas rire un moment de cette singulière prétention de quelques hommes sur l'espèce humaine qu'ils trouvent trop mûre, trop avancée, trop indocile : et que, la férule en main, ils vont morigénant avec dépit comme une troupe d'écoliers qui ont l'insolence d'en savoir plus que leurs maîtres. Eh, bon Dieu ! que les maîtres s'instruisent ou cèdent la place à de plus capables, et chacun reprendra la sienne ; et à l'indocilité succèderont l'ordre et le respect ! Comment ! il ne vous est jamais venu à la pensée que c'était peut-être vous qui vous trompiez ! Vous êtes bien sûr que sans vous et vos amis, tout irait de plus mal en plus mal, c'est-à-dire que la génération se précipiterait dans ce *mieux* horrible devant lequel vous reculez saisi d'un saint effroi ? Vous êtes persuadé que tout est perdu si tout ne se plie pas à vos doctrines ; et que le salut public tient à ce que vous et les vôtres restiez debout ? J'ose à peine redire ce que j'ai lu dans vos publicistes : les uns ne dissimulent point leur profond mépris pour tout ce qui n'est point eux ou à eux; les autres voient un abus ridicule et dangereux dans chaque acquisition qui fait un petit propriétaire, et par conséquent un bon citoyen; ceux-ci regrettent jusqu'à la superstition, qu'ils appellent le boulevard de la religion; ceux-là justifient ou excusent la Saint-Barthélemy elle-même; tous déplorent le présent et voudraient réprimer l'avenir qui les épouvante; et, dans cette incroyable manie préventive contre ce qui est, et contre ce qui sera; ils ont émis le vœu de refouler et d'affaiblir, à sa source, la génération qui s'accroît trop vite, et dépasse les limites qui lui sont assignées (1). Ainsi la société et la nature sont en proie à une aberration commune : Vous, vous seuls, saurez leur imposer de justes lois! Certes, jamais mortels, au milieu de l'incrédulité universelle, n'eurent une foi plus intrépide en leur importance et en leur infailibilité.

Sans trop vous pousser comme homme d'état, car il y a péril, il me sera aisé de faire

____

(1) On peut consulter, à cet égard, le dernier ouvrage de M. de Montlosier; diverses opinions de M. Levis, pair de France; les *Soirées de Saint-Pétersbourg*, espèce d'évangile monarchique; les *Mélanges politiques* de M. de Châteaubriand, le *Conservateur* et le présent réquisitoire.

voir que vous, en particulier, Monsieur, vous n'êtes pas infaillible comme écrivain, et l'on pourra juger de l'un par l'autre. Rassurez-vous pourtant : je ne remplirai point ces pages des incorrections et des erreurs littéraires qui, malgré le sérieux du sujet, ont égayé Paris et la France ; je ne m'attache qu'au fond des choses ; et si je relève ici l'expression de *débauche d'esprit*, c'est que, dans son application, elle manque absolument de justesse ; c'est que l'injure, car c'en est une, tombe à faux, et qu'elle est trop grave pour rester sans réponse. Les réclamations de l'Europe, et dans leurs termes et dans leur objet, sont sages et mesurées : dans les attaques de vos amis, au contraire, règne souvent une violence accompagnée de plaisanteries qui rappellent une époque déplorable, et qui font également gémir le goût et l'humanité. Mais pour nous soustraire aux personnalités qui égarent la droiture et le bon sens, et pour envisager la chose avec vous sous un aspect plus général, la *débauche d'esprit* caractérise merveilleusement et l'époque où tant de papes et d'évêques passaient des fonctions sacrées aux orgies nocturnes, et se faisaient un jeu de l'adultère, de l'inceste, du meurtre et du sacrilège ; et celle où tant de princes mêlaient la raillerie à l'assassinat, les fêtes aux égorgemens; et celle où des femmes, après avoir examiné d'un œil curieux leurs victimes dépouillées, se répandaient en bons mots que l'honnêteté publique nous défend aujourd'hui de répéter. Une autre sorte de débauche d'esprit était familière aux inventeurs de ces équivoques pieuses qui élargissent la voie du ciel, et applanissent celle des biens et des plaisirs de ce monde; elle fleurit vers la fin du siècle de Louis XIV, et envahit la cour du régent et celle de Louis XV, où elle changea de forme sans changer de nature, d'autant plus effrontée qu'elle avait été plus hypocrite; et de là se débordant sur tout le royaume, elle infecta les mœurs des grands, des riches, des prolétaires, et ne rencontra de barrières que dans les classes moyennes où la France devait plus tard se retrouver et se régénérer. Il me faudrait dérouler presque toutes les annales des temps monarchiques, si je voulais reproduire ici les divers exemples de cette véritable débauche d'esprit qui a sa source dans la corruption du cœur, dans le dédain de l'opinion publique, dans l'arbitraire et l'immoralité des lois, et qui est l'opposé de cette sève d'intelligence et de raison répandue avec une égale abondance dans les nombreux rameaux dont se couvre chaque

jour l'arbre de la civilisation et de la liberté
européenne. Gardons-nous donc de confondre,
par l'abus des mots, ce qui se ressemble si
peu, et achevons, par un dernier trait, de ca-
ractériser le vice dont vous avez fait, Monsieur, une si fausse et si injurieuse application.
Aux jours qui ont précédé l'ère constitutionnelle de la Grande-Bretagne, bien des victimes regardées comme coupables alors, maintenant comme martyrs, tombèrent sous les
coups d'un accusateur dont le nom même répugne à prononcer. Cet accusateur, véritable
homme de proie, chargé de livrer à la mort
les héros de la liberté anglaise leur insultait,
les tournait en dérision, travestissait leurs pa-
roles pour en faire un sujet de moquerie, et
jouait, pour ainsi dire, comme les personnages
de Shakspeare, avec des têtes humaines; c'était
bien là, vous en conviendrez, Monsieur, une
débauche d'esprit; et l'histoire ajoute en rou-
gissant qu'un prince l'encourageait lui-même,
et s'y associait en appelant ces exécutions les
Campagnes de Jefferyes.

Ce fut pourtant cette époque de désolation et
d'effroyable tyrannie, au souvenir de laquelle
tout cœur anglais se soulève encore de douleur
et de honte, qu'un génie contemporain jugea

beaucoup trop en homme de cour et en homme d'église. Bossuet prononça du château de Versailles entre les Stuarts et leur nation, et l'arrêt fut favorable à ceux que stipendiait Louis XIV. Le seul reproche qu'il leur adresse, du vivant de Jefferyes, est d'avoir été trop clémens. Ainsi parle celui qui eut le malheur de célébrer dans la chaire du dieu de miséricorde la révocation de l'édit de Nantes. Il les loue encore d'avoir voulu rétablir le papisme auquel des flots de sang pouvaient seuls valoir un triomphe momentané; et la tendance générale de l'Angleterre vers un régime plus légal et plus doux, vers des doctrines plus nationales, est traitée par le prélat de *libertinage d'esprit* (1), rapprochement qui pourra vous flatter comme écrivain, monsieur, mais qui me paraît offrir une importante leçon historique. L'histoire, en effet, a donné à l'orateur un démenti éclatant : ce libertinage d'esprit n'était qu'un besoin d'ordre, d'institutions, d'indépendance extérieure, d'une sage liberté dans l'intérieur, d'une communauté d'intérêts entre le trône et le peuple; et il est probable qu'au moyen de ces concessions si justes, si instamment réclamées, l'Angleterre aurait atteint, sous les Stuarts, le

____

(1) Oraison funèbre de la reine de la Grande-Bretagne.

degré de prospérité qu'elle dut à la dynastie des Guillaume. L'erreur de Bossuet fut celle du prêtre et du courtisan, il faut bien le dire, beaucoup plus que celle de l'homme. Voyez-le quand il secoue les préjugés qui de toute part l'environnent et pèsent sur lui, voyez-le s'élançant sur la trace des *Empires* (1) qu'il suit avec l'œil du publiciste philosophe. C'est alors qu'il déclare que *la vraie fin de la politique est de rendre la vie commode et heureuse* (2), c'est-à-dire d'étendre à tous, les bienfaits de la civilisation ; c'est alors qu'il entrevoit la théorie de la responsabilité des ministres combinée avec l'inviolabilité des rois (3) ; c'est alors qu'il proclame qu'il *n'est point arrivé de grand changement qui n'ait eu ses causes dans les siècles précédens* (4). Que dirait donc Bossuet s'il vivait de nos jours, et qu'il eût été le témoin des grands changemens

(1) IIIe Partie du *discours sur l'histoire universelle.*
(2) IIIe Partie, section 3.
(3) Jugement des rois en Égypte. Le pontife supposait toujours qu'ils ne tombaient dans ces fautes que par surprise et par ignorance, chargeant d'imprécations les ministres qui leur donnaient de mauvais conseils et leur déguisaient la vérité. (*Ibid.*)
(4) *Discours sur l'histoire universelle*, IIIe partie, section 2.

qui ont renouvelé la face du monde? Sans doute remontant les âges pour y saisir la chaîne des effets et des causes, ce ne sont plus les peuples, qui ne réclament que la vraie fin de la politique, qu'il accuserait de libertinage; c'est au pouvoir encore que sa voix imposante redirait de grandes et de terribles leçons. Oui sans doute, les deux hémisphères remuées jusqu'en leurs fondemens, ce cri universel qui s'échappe de la conscience des nations; ce calme profond où retombent les états dont les droits reconquis ne sont plus contestés, révéleraient à son génie la religion politique et morale pour laquelle les temps sont accomplis. Agrandissant le tableau de l'histoire, il suivrait pas à pas la marche de l'esprit humain; il découvrirait la lumière cachée d'abord dans le sein des temples pour être montrée à quelques initiés; puis jaillissant de cette enceinte trop étroite pour éclairer un plus vaste théâtre; puis de grossières superstitions, une inégalité monstrueuse, l'esclavage enfin détruits par le christianisme, qui aux yeux de Tacite et des sages du sénat romain ne semblait aussi qu'une débauche criminelle, tandis qu'il n'était qu'un besoin des masses écrasées par le petit nombre, et un premier résultat de la philosophie; il gémirait de la longue réaction de la barbarie, pour applaudir enfin aux efforts nouveaux et plus heureux de la civilisation qui, armée de la presse, conquit et réforma une partie de l'Europe, arrachant à Rome le sceptre temporel; brisant les fers de la Hollande qui monte en peu d'années au premier rang des nations; affermissant la couronne sur la tête des monarques constitutionnels de la Grande-Bretagne, et fondant tout-à-coup au milieu des déserts de l'Amérique, le plus fortuné, le plus majestueux des empires; incomparable monument de l'équilibre des droits et de l'alliance du pouvoir avec les intérêts, irrésistible preuve de la généreuse et pacifique tendance de la société humaine, que l'on accuse d'imprudence et de vertige. C'est dans la contemplation de cet admirable spectacle, c'est dans l'étude des passions qui l'ont produit en voulant le prévenir, des divers événemens qui, par ces diverses passions, se sont croisés, se sont heurtés au milieu de chaque révolution générale; des obstacles suscités par l'ambition, des résistances opposées par l'intérêt personnel, des catastrophes qui en ont été la suite, du résultat définitif et nécessaire, que Bossuet aujourd'hui puiserait d'illustres enseignemens, et les inspirations d'une éloquence d'où sortirait encore cette parole : *Maintenant, ô rois, apprenez ; instruisez-vous, juges de la terre.*

Telles sont les principales époques qui, comme des jalons lumineux sillonnent les siècles intermédiaires, et jettent sur ces siècles d'ignorance et d'abrutissement une clarté prête à s'éteindre, mais se rallument toujours au flambeau de la raison et de la conscience; tels sont les fanaux qui signalent à la philosophie la route où l'impuissance et le préjugé vont cherchant avec prédilection les endroits ténébreux et semés de précipices, les offrent à l'admiration de notre époque, et triomphent du laps de temps où le genre humain s'y est débattu, comme si la durée du cahos l'emportait sur la jeunesse du monde intelligent.

Laissez donc, monsieur, laissez peser la malédiction sur les siècles qui ne l'ont que trop encourue, et ne la détournez point sur le nôtre au moment où il se dégage des erreurs funestes à ses devanciers. Ne lui imputez point l'affreuse renommée qui leur appartient et que leur ont acquise les buchers de l'inquisition, les massacres du nouveau monde, les hosties empoisonnées, le stilet des moines, le brigandage impuni des nobles, les régicides religieux, la Saint-Barthélemy, les dragonades, et cette foule innombrable de crimes politiques et sacrés qui, avant et depuis Machiavel, furent le code et la raison d'état des cours, et qui souillent chaque page de l'histoire de ces temps pour lesquels nous ne partageons ni votre enthousiasme ni vos regrets. Et, de bonne foi, amis du passé, si vous étiez les maîtres de choisir, à quel moment de ce passé reporteriez-vous la France? Ici vos législateurs se divisent : les uns préfèrent le temps féodal et les autres le monarchique. Pour ne pas abuser de mes avantages, parlons du dernier qu'on ose seul regretter ouvertement. Je rencontre d'abord Louis XI, et saisi d'épouvante je me réfugie sans m'arrêter dans les forêts où les sujets de Charles VIII, errent, privés d'asile et de pain; je me réfugie auprès de Louis XII dont la bonté personnelle, après des désastres récens, au milieu de désastres nouveaux que le prince ne peut imputer qu'à lui-même, impuissante pour déraciner les abus amoncelés par les règnes précédens, ne se fait connaître que par des actes presqu'inaperçus des masses déshéritées de leurs droits, et lègue sans garanties la France à l'ambition, à la tyrannie, à l'immoralité de François Ier. Le règne de celui-ci se prolongeant sous ses deux successeurs se lie au règne de Charles IX devant lequel je recule d'horreur, et tombe, en fuyant, au milieu des factions que fomente, pour en être victime, le dévot et débauché Henri III. Je ne dois enfin avec le royaume, un instant de repos et un espoir de bonheur à Henri IV, que pour voir ce héros assassiné par le fanatisme qui replonge tout dans l'anarchie. Vient Richelieu, lequel ne détrône Louis XIII qu'afin d'exercer avec cruauté le pouvoir absolu qui, sous Mazarin, se corrompt encore en anarchie, renaît sous Louis XIV, et se constitue dans sa personne en un despotisme d'abord tempéré par les lettres, et trop tôt souillé par d'ignobles et sanglantes persécutions. Voilà votre monarchie. Dites, monsieur, dites, quel est, dans ces siècles tant vantés, celui vers lequel nous ramènent vos vœux et votre politique?

En attendant, permettez-moi de leur préférer notre âge qui s'élève pur et des malheurs de l'ancien régime et des malheurs de la révolution; de cette révolution, le grand grief des défenseurs du passé, et qui sera l'éternelle accusation de la politique passée, de la longue tragédie des monarchies absolues, contre lesquelles le dénouement a irrécusablement prouvé; de cette révolution que tant de tyrannie, de dépravation, de malversation, de prodigalité, d'opiniâtreté amena enfin, et que nous reprochent ceux qui l'ont précipitée par leurs ambitions privées et leurs querelles intestines ; de cette révolution dont les atrocités, grâces aux mémoires contemporains, retombent déjà sur la tête de leurs véritables auteurs, mobiles secrets et intéressés de la foule aveugle, gens puissans en richesses et en intrigues, versés dans l'art d'exciter la sédition à leur profit, de bouleverser tout pour reprendre quelques priviléges perdus, de salir ce qu'ils n'ont pu empêcher, de mêler le bien et le mal, le crime et la vertu pour établir une odieuse solidarité; de cette révolution dont la mémoire arrache de feintes larmes aux hommes qui ne savent pleurer que les victimes anciennes, mais qui a bien racheté ce qu'elle eut de terrible par ce qu'elle a fait de grand contre l'étranger, d'utile pour le pays, de glorieux pour l'Europe qu'elle a lancée dans la carrière constitutionnelle.

Cette période qui commence est toute pacifique de sa nature, et ne doit les agitations dont on l'accuse qu'à la *conspiration permanente* qui existe contre elle; cette période qui s'avance au milieu des ennemis qu'on lui oppose et qui avait peut-être besoin de cette opposition, est celle de l'égalité devant la loi, de l'industrie dégagée d'entraves, des supériorités sociales devenues mobiles comme elles le sont dans la nature, et prenant ainsi, sans se heurter, la place qui leur appartient; c'est celle des doctrines vivantes ou progressives succédant aux doctrines mortes ou stationnaires, et se développant d'une manière insensible à mesure que les besoins se développent, au lieu de rester en arrière de ces besoins et d'être souvent dès-lors en hostilité avec eux ; c'est celle des lois votées par ceux pour qui elles sont faites; c'est celle des gouvernemens représentatifs non faussés où des millions de citoyens délibèrent sans danger pour la tranquillité publique par des organes de leur choix, et où ils forment eux-mêmes comme une immense et perpétuelle assemblée grâce à la liberté de la presse qui recueille les plaintes, les avis, les projets, qui les pèse, les mûrit, les épure par la contradiction, et dépouille aux yeux de tous le scrutin où se manifeste l'opinion nationale; cette période enfin est le retour au premier instinct de l'homme, au but de toute société où nous ramène, après tant de siècles, le cercle parcouru des vicissitudes sociales; et où s'opère l'heureuse combinaison de la raison naturelle, de la morale primitive et innée avec l'expérience des âges et les résultats d'une civilisation perfectionnée.

C'est là, Monsieur, ce que vous repoussez, l'invective à la bouche et le glaive à la main ! Mais avez-vous songé au nom que se préparent dans la postérité les hommes qui font un pareil usage de l'autorité? Consultez l'Histoire; elle vous apprendra ce qui les attend. Si un avenir prochain vous apprend à vous même que vous étiez dans l'erreur; si vos yeux voient ce bue vous appellez *démence*, *scélérate ambition*, reprendre son vrai nom de sagesse, de patriotisme; si vous êtes le témoin de l'apothéose de ceux que vous aurez condamnés; quels seront vos regrets, quelle sera votre douleur! Ah! Monsieur, dans le doute seul ne vaudrait-il pas mieux s'abstenir? Croyez-moi, dans l'intérêt même de votre cause, les rigueurs sont fâcheuses; le sang répandu n'est jamais un bon argument; les morts reviennent plus nombreux dans la personne de leurs amis; et les victimes que l'on peut considérer comme martyrs ne sont pas moins funestes à la politique qu'à la morale. Croyez-moi, et si un exemple personnel peut-être ici de quelque utilité, je vous citerai le mien; si un homme qui a fait vœu de n'être jamais l'homme du pouvoir pour être toujours bien avec sa conscience, vous paraît digne de foi, écoutez: ceci vous regarde, et je vous dois peut-être l'opinion que j'ai. Oui, Monsieur, c'est près de la pierre où fumait encore le sang du maréchal Ney, que s'alluma dans mon sein la fièvre politique.

Je ne vis en lui que le soldat entraîné par l'irrésistible entraînement d'une armée entière; je ne
vis que le citoyen sous l'égide de la capitulation;
je ne vis que le guerrier illustre immolé par les
siens aux pieds des ennemis qu'il avait tant de fois
vaincus. Cette fièvre fut portée au comble par
le contraste du deuil de ses compagnons de
gloire, et de la joie d'un inconnu, Français, si
j'en crois son habit et son ruban blanc à liséré
vert, qui dansait sur la terre où d'autres s'age-
nouillaient. De ce jour datent tous les senti-
mens qui se développèrent plus tard ; et mon
cœur me dit que, si j'avais à opter, j'aimerais
mieux être victime.

Comment l'expérience de 1815 ne vous a-t-elle
pas éclairé? les exécutions, les proscriptions
n'ont pas manqué : combien ont-elles valu d'amis
à leurs auteurs? combien ont-elles converti de
Français à votre croyance politique? Qu'ont-elles
fait pour l'ordre et le bonheur publics? Tout
menaçait ruine quand parut *l'ordonnance du 5
septembre*, tout se calma sous une administra-
tion moins prodigue de supplices. Et c'est aux
supplices que vous en appelez encore! êtes-vous
bien le même homme que l'on vit, simple avocat,
disputer à l'échafaud et lui arracher, à force de
talent et de courage, une victime accablée par

les apparences et pourtant innocente (1)? Êtes-vous bien le même homme dont l'éloquente sagacité parvint à isoler chaque fait particulier de l'accusation générale, à se faire jour à travers le vague meurtrier d'un réquisitoire pour justifier chaque action en la précisant; à faire passer dans l'âme des jurés et votre propre conviction, et la morale sublime de la justice et de l'humanité? Quelle renommée vous mérita cette victoire; et avec quelle joie pure et intime vous paraissiez au milieu de vos rivaux, ceint de la couronne civique!

Depuis, vous avez bu à la coupe du pouvoir; de défenseur vous êtes devenu accusateur; vous n'avez plus cueilli que des palmes ensanglantées; l'évasion d'un citoyen soustrait à l'échafaud par l'ingénieux dévouement de sa femme vous a paru un *grand malheur* (2); le vœu que pour cause politique la peine de mort fût abolie (3) vous a transporté d'indignation; depuis vous avez bien réalisé le vœu contraire; et voilà que s'irritant à mesure qu'il est satisfait, il menace

(1) Mademoiselle de Cicé, impliquée dans la conspiration de la machine infernale.

(2) Expression de M. Bellart à la tribune.

(3) Voir la note finale.

à la fois vingt endroits de la France, des extré-
mités de laquelle votre réquisitoire évoque à
Paris, comme pour donner le signal et l'exemple,
la cause des prévenus dont vous voulez vous
charger vous-même. Monsieur, au milieu de ces
pompes de la magistrature, ne vous arrive-t-il
jamais de regreter les premiers succès du bar-
reau ?

Puissent-ils, du moins, être présens à la pensée du jury, auquel votre accusation sera sou-
mise ! Puissent-ils lui apprendre, par votre
expérience personnelle, qu'il n'y a pas moins
de sécurité que d'honneur à n'être pas de l'avis
de l'autorité qui accuse ! Puissent-ils surtout lui
enseigner comment on dégage le fait des acces-
soires qui le dénaturent, le fond des formes
effrayantes dont il est quelquefois revêtu, la
chose judiciaire, enfin, de son entourage politique ! Instruit par vos leçons, le jury se tiendra en
garde contre vous-même, et, ne s'attachant qu'à
la seconde partie de votre réquisitoire, comme
je ne me suis arrêté qu'à la première, il s'oc-
cupera uniquement de l'affaire unique dont il
sera saisi, et ne se considérera point comme une
commission de la Sainte-Alliance; laquelle peut
bien fondre sur Naples, abandonner les Grecs,
et laisser en paix les Turcs, sans que les Fran-

çais en deviennent plus criminels, quand bien même il leur paraîtrait plus moral et plus noble de fondre sur les Turcs, de secourir les Grecs et de laisser Naples en paix. Le jury, se rappellant encore le brillant éloge que vous faisiez, dans vos beaux jours, des lumières et de la philosophie, ne se regardera point comme un tribunal érigé contre la civilisation, à laquelle peut-être chaque membre qui le compose est redevable de ce qu'il est; et si la gaîté française s'est emparée du parallèle bizarre entre l'*embonpoint* des corps et celui des sociétés, l'humanité du jury frémira du remède qu'on veut apporter à cet excès d'embonpoint; et ce cri universel, qu'avec un peu de prévoyance vous répéteriez aussi, retentira jusqu'à son cœur : plus de victimes politiques ! plus d'échafauds ! plus de sang !

CAUCHOIS-LEMAIRE.

NOTE.

Page vingt-neuf, *le vœu que la peine de mort fût abolie vous a transporté d'indignation.* C'est à l'occasion d'un passage du cours de M. Bavoux. Le compte rendu de cette affaire, contient sur ce sujet particulier un paragraphe que je demanderai la permission de transcrire des *Opuscules :*

« Il *déclame*, dit M. Bellart, il déclame contre la
» peine de mort; il voudrait du moins qu'elle fût abo-
» lie pour les crimes politiques. Et quelle âme géné-
» reuse ne forme un pareil vœu, après tant d'années de
» révolutions, pendant lesquelles on a fait de la peine
» de mort un si fréquent et si déplorable abus? Nous
» n'examinerons point cette doctrine en thèse géné-
» rale. Montaigne, Beccaria, Voltaire, Condorcet, et
» beaucoup d'autres philosophes ont agité, avec un
» doute que l'humanité, que la politique peut-être
» avouent, cette grande et difficile question. Qui ose-
» rait décider après eux qu'elle est résolue et qu'il ne
» faut plus la reproduire? Mais réprouver le souhait
» d'une exception, du moins, d'une exception qui au-
» rait épargné tant de condamnations qui parurent
» justes un moment, qui sont flétries, qui sont un
» objet d'horreur aujourd'hui, tant de condamnations
» encore qu'un même destin attend ; réprouver, comme
» digne de la vengeance des tribunaux, un souhait si

» noble et si pur, l'appeler une déclamation, voilà ce
» qui doit plus qu'étonner dans la bouche d'un magis-
» trat, dans la bouche de M. Bellart. »

On annonce que ce sujet, malheureusement trop de
circonstance, va être traité par l'écrivain auquel nous
devons des considérations utiles et neuves sur *les conspirations et sur la justice politique*. C'est une raison
pour moi de m'interdire de longs développemens. Je me
bornerai à émettre le vœu que les partis, où il n'y a
souvent que des vainqueurs et des vaincus, ne fassent
que des prisonniers de guerre, qu'on est toujours heu-
heux de pouvoir rendre quand la paix est faite. Que de
malheurs, que de regrets épargnerait une pareille cou-
tume! On en peut juger par ceux qui, en semblable
occasion, ont eu le bonheur de se soustraire à la peine
capitale. Combien devinrent d'honnêtes gens aux yeux
même des juges qui les déclaraient coupables! Combien
d'ennemis se sont réconciliés, qui naguère se seraient
envoyés réciproquement à la mort! n'a-t-on pas vu des
contumaces et ceux qui les avaient condamnés à l'échafaud, siéger aux mêmes conseils, dîner à la même ta-
ble? Hélas! ne les a-t-on pas vus se réunir pour en
condamner d'autres? Comment tant de vicissitudes de
la fortune sont-elles perdues pour l'humanité?

Si, du moins, comme en Angleterre, comme aux
Etats-Unis surtout, l'accusé voyait se multiplier les garanties quand il a le gouvernement pour accusateur!
Mais qui décide chez nous de la vie des hommes en
butte aux poursuites des plus puissans? Une commission militaire, composée d'officiers accoutumés à l'o-
béissance passive! Un jury, nommé par le préfet qui

reçoit ses ordres du ministère, par l'ordre duquel les accusés sont traduits en justice! Mais tel qu'il est, Dieu me garde de ne pas préférer le jury aux cours d'assises privées de son assistance. Le jury, dépendant, a souvent fait preuve d'indépendance; et j'en appelle aux souvenirs du défenseur d'Adelaïde de Cicé.

On a dit, et l'histoire a prouvé mille fois, que les exécutions politiques avaient leurs représailles. Je ne sais quoi crie au fond des consciences plus haut que la loi, que ce n'est pas la société, mais un parti qui se venge. Nos mœurs d'ailleurs veulent que le plus fort soit généreux; et il ne faut pas croire qu'il y ait plus d'imprudence dans la générosité que dans la rigueur. Les plus nombreux exemples sont contre celle-ci. Ce n'est pas César clément, c'est César roi, c'est César foulant aux pieds toutes les lois, toutes les affections de Rome qui trouva un Brutus. Auguste recourut avec succès à la clémence, si l'on peut appeler de ce nom le terme qu'il mit aux assassinats; et de tous les moyens politiques, celui-là lui parut le meilleur et le plus efficace. Ses successeurs ouvrirent la carrière aux meurtres, et bourreaux et victimes s'égorgèrent tour-à-tour jusqu'à ce qu'ils eussent enseveli avec eux l'empire romain.

Je ne citerai plus qu'un exemple : Jésus-Christ périt victime d'un jugement politique; et c'est le cas de répéter avec Bossuet, dont la morale est toujours grande et pure quand il ne la plie point à la politique du moment:

« Non, non, ne le croyez pas, que la justice habite » jamais dans les âmes où l'ambition domine...... Par-

» lons de la lâcheté ou de la licence d'une justice ar-
» bitraire qui, sans règle et sans maxime, se tourne au
» gré d'un ami puissant; parlons de la complaisance
» qui ne veut jamais ni trouver le fil, ni arrêter le
» progrès d'une procédure malicieuse.... Justice sem-
» blable à la justice de Pilate, justice qui fait semblant
» d'être vigoureuse à cause qu'elle résiste aux tenta-
» tions médiocres, et peut-être aux clameurs d'un peu-
» ple irrité, mais qui tombe et disparaît tout-à-coup
» lorsqu'on allègue sans ordre même, et mal à propos,
» le nom de César. » (*Oraison funèbre de Michel le
Tellier, chancelier de France.*)